Wild streue ich Mäuse,

weit streue ich Federn

Ms. Understood

Wild streue ich Mäuse, weit streue ich Federn

Ms. Understood

Ms. Understood:
Wild streue ich Mäuse, weit streue ich Federn
Oberding: Reimo-Verlag, 2011

ISBN 978 – 3 – 942867 – 04 – 7

Dr. Valentin Reitmajer
Am Mitterfeld 3, 85445 Oberding
Tel.: 08122 / 47 99 715 oder / 79 90
Fax: 08122 / 47 99 714
eMail: reimo_verlag@gmx.de
www.reitmajer-verlag.de

Covergestaltung: Elisabeth Lex

ISBN 978 – 3 – 942867 – 04 – 7

Inhalt:

Prolog

Wenn du nicht weißt, wie dir geschieht,
dann setz dich hin und schreib ein Lied,
verleih der Sehnsucht Flügel.
Wenn du nicht weißt, wohin mit dir,
bring die Gedanken aufs Papier
als deiner Seele Spiegel.

Die Tinte wohl dein Herzblut sei,
das Blatt Papier dein Hilfeschrei,
die Feder dein Verstand.
Alles, was dich deprimiert,
soll ehrlich sein und unzensiert –
in dieses Lied gebannt.

Alles das, was dich empöret,
alles das, was dich zerstöret,
schreib es auf als ein Gedicht.
Die Tränen in der Dunkelheit,
erschaffen für die Ewigkeit,
ein Buch, das Wahrheit spricht.

Der Wacholderbaum

Ich bitte dich, Wacholderbaum,
zu deuten mir den einen Traum.
Warum kann ich nicht schlafen?
Warum seh in tiefster Hölle ich
um mich herum ein helles Licht,
hör ich Seraphinen Harfen?

Kein Zeichen zeigt sich an der Wand,
kein' Stigmata an meiner Hand,
ich kenne nicht den Grund.
Gibt es Menschen ohne Makel?
Wie oft schon fragt' ich dich, Orakel,
doch kein Wort verlässt den Mund.

Wie verschleiert sind die Karten.
Nein, ich kann nicht länger warten,
im Kristall erscheint kein Licht.
So such die Antwort ich auf Straßen,
in Wäldern und in dunklen Gassen,
in Pflanzen und im Tiergesicht.

Drum geh ich über Stein und Steg,
verlasse nie den rechten Weg,
auf dem wir all' einst kamen.
Kein Stern gibt einen Hinweis mir,
kein Engel klopft an meine Tür,
kenn nichtmals meinen Namen.

Warum werd ich das Gefühl nicht los,
ich sei im Inneren ganz groß
zu Höherem erkoren?
Gibt es einen Menschen gar,
der braucht für immerdar,
der nur für mich geboren?

Mir scheint, das Schicksalsrad steht still,
der Herrgott mich nicht hören will,
die Welt will mich verfluchen!
Hast du mich, Herr, schon abgeschrieben?
Hast du gar mich von dir geschieden?
Oder willst du mich versuchen?!

Gebet der Unterdrückten

Erkenne meine Not, oh Herr!
Mir macht der Feind das Leben schwer
mit arglistigen Zungen.
Mit seinem Dolch der Geltungssucht
durchstach er mir mit großer Wucht
das Herz in meinen Lungen.

Erscheine, Michael, mit dem Flammenschwert!
Bäum dich auf, oh Himmelspferd,
mit Tosen und mit Brausen!
Mein Feind, der mich verspottet und verhöhnt
– den ich geliebt hab und verwöhnt –,
dem lehre nun das Grausen.

Die kosmische Gerechtigkeit
ist fassungslos und göttlich weit,
drum lass mich sein ein Teil.
Die Rache liegt in deiner Hand,
ich seh es deutlich an der Wand,
ich krieg mein Seelenheil…

Der seltsame Prophet

Der Ozean war eingefroren,
als ein Kindlein ward geboren
in einer Neumond-Nacht.
Nicht ein Stern erstrahlte hell,
die ganze Welt lag schweigend still
durch unbekannte Macht.

Der Nullpunkt ihm den Ursprung gab,
die Wurzel im Verborg'nen lag,
zwischen Dunkelheit und Licht,
ewig hin- und hergerissen,
reiner Geist mit schlecht Gewissen,
zu Unrecht – und auch nicht.

Der Ostwind sang das Wiegenlied,
damit dem Kindlein nichts geschieht,
als die Welt sich nicht mehr drehte
und als das Kindelein erwachte,
Regen und auch Sonne lachte,
damit die Welt verstehe.

Zwischen Traum und Wirklichkeiten,
genau im Wechsel der Gezeiten,
wenn die Lebensuhr steht still,
wenn der Felsen wird zum Bette,
wenn der Böse ist der Nette,
das Kind erhört sein will.

Spiegelbild

Im Spiegel erscheint das Zwiegesicht,
halb hass ich dich, halb lieb ich dich:
die Entscheidung nicht mein Freund,
teils weise und teils dumm wie Stroh,
voll Leid und Schmerz das Herze froh,
so rational verträumt.

So aufregend und langweilig,
so ganz normal und wunderlich,
verfilzt und schön gestriegelt,
so deutlich und so philosophisch,
so religiös – anthropologisch,
ein Buch mit sieben Siegeln.

So kämpferisch und doch so scheu,
so voll Verrat und doch so treu,
verhätschelt, dann verstoßen,
abgelehnt und anerkannt,
längst verstaubt und angewandt,
ein Zwerg unter den Großen.

So verschlossen und so offen,
so gleichgültig und so betroffen,
verlogen, ehrlich auch,
so perfekt und unvollkommen,
so impulsiv und so besonnen,
und doch bloß Schall und Rauch.

Selbst Gott und Teufel nicht einig sind,
was dir, mein Bild, vorherbestimmt,
ob gefesselt, ob getrieben,
erkenne deine Meinung nun,
hellwach und klar sollst du jetzt ruhn,
bis du dich hast entschieden!

Armes Mäuschen

Die Kellermaus im Backsteinhaus
ist besiegt! Ist besiegt!
Das arme Mäuschen ist so krank,
dass es sich nicht wehren kann.
Armes, armes Mäuschen!

Die Kellermaus im Backsteinhaus
weint und schreit, weint und schreit!
Mäuschen, hast du Schmerzen jetzt?
Wer hat dich nur so verletzt?
Armes, armes Mäuschen!

Die Kellermaus im Backsteinhaus
weint und schläft, weint und schläft.
Mäuschen, langsam wird mir bang,
dass du tust dir etwas an …
Armes, armes Mäuschen!

Die Kellermaus im Backsteinhaus
still und stumm, still und stumm.
Niemand ließ die Maus in Ruh,
drum schloss die Maus die Augen zu.
Armes, armes Mäuschen!

Die Kellermaus im Grabe liegt,
kalt und weiß, kalt und weiß.
Die arme Maus starb ganz allein,
nur geliebt wollte sie sein.
Armes, armes Mäuschen!

Die Herzenskammern

In der Kammer des Vergessens,
zutiefst verdrängt und längst verstaubt,
finde ich erneut mein Lächeln,
das man einst hat mir geraubt.
Finde ich erneut die Sorgen
von zu viel Nähe und Verlust.
Vergeblich scheint mir nun das Borgen
bei wahrer Liebe ohne Frust.
So schließ' ich ein erneut die Qualen
in den Lebenskammerschrank.
Versuch' erneut ein Bild zu malen,
was mich wirklich machet krank.
Und die Kammer quillt schon über,
begräbt mich im Vergessenen;
meine Augen wirken trüber,
weil ich selbst vergessen bin.
Und die Tür, die längst verschlossen,
öffnet sich nun einen Spalt;
das Feuer, das einst mich verschlungen,
erhält zurück seine Gewalt.
Die Kammer der Liebe betret ich nun
mit Zweifeln und mit Bangen.
Nach ihr gesehnt hab ich mich schon,
doch war ich lange hier gefangen
und die Kammer der Hoffnung zeigt dein Gesicht!
Ich will es ja versuchen!
Ich trau mich nicht und kann es nicht
und könnt mich selbst verfluchen.
Denn die Kammer der Abwehr ist mein Zuhaus.
Von hier aus kann ich hassen!
Denn das Gefühl halt ich nicht aus,
dass du mich wirst verlassen ...

(inspiriert vom Orakel im Web)

Gebrochenes Herz

Du warst für mich das Lebensglück,
du warst für mich das Gegenstück,
und doch ließ ich dich gehen.
Du warst für mich die ganze Welt,
all das, was mich zusammenhält,
würd dich so gern verstehen.

Schon lange spürt' ich den Betrug
und fühlte mich nicht gut genug,
doch wollt' ich es nicht glauben,
wollt' hören, dass du mich nur liebst
und nicht mir die Schuld zuschiebst,
ich wollte dir vertrauen.

Doch die Gewissheit war zu groß,
für mich hattest du keinen Trost,
kein Mitleid und Verständnis.
Ich lag auf deiner Folterbank,
du gabst mir deinen Liebestrank,
doch ohne dein Bekenntnis.

Von Hochzeit schon hast du gesponnen
und schnell es dann zurückgenommen
wie all deine Versprechen.
Mit diesem unbegreiflich Tun
war das an meiner Seele nun
ein furchtbares Verbrechen.

Die Brust reißt es mir fast entzwei,
vor Kummer und vor Wehgeschrei,
weil du mir gar so fehlest.
Keine Nacht kann ich mehr schlafen
und könnt' dich trotzdem niemals strafen,
egal, wen du jetzt wählest.

Niemand kann dich je ersetzen.
Niemand darf dich je verletzen.
Du sollst glücklich sein mit ihr.
Von dir, da bin ich wie besessen,
werde niemals dich vergessen,
auch wenns anders ist bei dir.

Meine Augen müssen weinen,
keinen Hoffnungsschimmer, keinen!
Und mein Schmerz, der frisst mich auf,
sehn' mich so sehr nach deinen Armen,
doch nicht mich wirst du umgarnen,
deshalb muss ich geben auf.

Bin zerstört von Amors Pfeilen,
deine Wunde wird nie heilen.
Mein Herz, das liegt in Scherben.
Nur für dich war ich geboren,
ohne dich bin ich verloren
und würd am liebsten sterben!

Wahre Liebe

Wahre Liebe laut verkunden
soll oft heil'n die größten Wunden.
Wahre Liebe als Verleugnis
stellen dar ein Armutszeugnis.

Wahre Liebe frei zu zeigen,
kann durchbrechen tiefstes Schweigen.
Wahre Liebe zu verstecken,
wird Eifersucht und Misstrau'n wecken.

Wahre Liebe auszuleben,
lässt uns anderen vergeben.
Wahre Liebe sterben lassen
lässt die ganze Welt uns hassen.

Wahre Liebe hält die Treue.
Wahre Liebe schenkt uns Reue.
Wahre Liebe, die betrügt,
ist wie ein Herz, das sich belügt.

Wahre Liebe will verstehen.
Wahre Liebe bleibt bestehen.
Liebe, die sich nicht bemüht,
ist wie 'ne Blume, die verblüht.

Wahre Liebe hält Versprechen.
Wahre Liebe kann nicht brechen.
Liebe, die von Spott begleitet,
wirkt nicht echt und fehlgeleitet.

Wahre Liebe bringt uns Segen.
Wer sie nicht hat, der steht im Regen,
denn Liebe, die das Herz dir bricht,
ist nicht wahr und lohnt sich nicht!

Das sterbende Mädchen

Das Mädchen war schon lange tot,
doch sieht man's in den Gassen,
verflucht, gesegnet in der Not,
zu lieben, die es hassen.

Und der Narziss, so wunderschön,
zutiefst sie wollt' verehren,
der Wortgewalt zu widerstehen,
konnt' keinen Hass sie lehren.

Die Lippen so zinnoberrot,
magnolienweiß ihr Antlitz,
das Mädchen war schon lange tot
und niemand, der verwandt ist.

Am Ufer der Granatenbaum
um ihre Lenden 'bunden,
ein Stern erscheinet wie im Traum
zu ihrer Füße Wunden.

Der Rosenkranz in ihrer Hand,
verklebt in ihrem Blute,
frei und gefangen der Verstand,
verlassen von dem Mute.

Die Augen groß, doch stets geschlossen;
der Tränenstrom Saphire,
verlogen Liebe sie genossen,
getreten wie die Tiere.

Das Mädchen war schon lange tot,
wer könnte sie schon lieben?
Denn war gebrochen Heils Gebot,
bringt Dornenkronen-Striemen.

Und der Narziss, so wunderschön,
ihr schlägt ins bleich Gesicht.
Im Grabe schlummert sie schon lange,
doch sterben darf sie nicht.

Der Engel schüttelt trüb sein Haupt
beim Anblick der Verlornen.
Der Seele Licht man ihr geraubt,
der ohne Hass Gebor'nen.

Zerschunden Knie und blutig Händen,
der Leib in Bächerns Fluten,
die Nattern um ihr Bein sich winden,
im Schlaf der Weidenruten.

Das Mädchen war schon lange tot,
doch kann das Licht nicht sehen,
denn den Narziss sie lieben tut,
will ohne ihn nicht gehen.

Der schwarze Mann

Schwarzer Mann, was willst du hier,
stehst jede Nacht in meiner Tür
und stetig kommst du näher.
Als ein Schatten, schwarz wie ein Rabe,
trägt dein Leib die Todesfarbe,
bist mir bekannt, doch nicht woher.

Oh, ich will es wirklich wissen,
bist du vielleicht mein schlecht Gewissen
oder gar eins meiner Traumata?
Denn so etwas vermut ich eben,
dass ich dich wie so oft im Leben
irgendwie verdränget hab.

(schwarzer Mann:)
Ich sag dir gerne, wer ich bin,
so wie du es verlangst.
Schau doch mal genauer hin,
ich bin es, deine Angst!
Zu lang lebst du schon ohne mich,
drum komm ich, um zu holen dich,
damit ich dich ermahne!

Da weinte bittre Tränen ich
und der schwarze Mann schloss mich
in seine Schattenarme.

Das Rindvieh und die Blume

Am Acker stand ein Blümelein,
wild und grün und zierlich klein,
in voller Blüte satt.
Da kam ein dickes Rindvieh an,
im Galopp den Acker lang
und trat die Blume platt.
Da schrie das arme Blümelein:
„Rindvieh, du bist so gemein,
hast mich gar fast zerstört!“
Das Rind verächtlich schnaubte nur,
denn Rindviecher sind eben stur;
das Blümlein war empört.
So es sich mit letzter Kraft
hat sich gekrümmet aufgerafft,
beginnt erneut zu schimpfen:
„Rindvieh, du bist rücksichtslos.
Sag einmal, wie kannst du bloß
mich in die Erde stampfen!?“
Das Rindvieh sieht nicht seine Schuld,
schließlich war es ungewollt
und Einsicht ist ihm fremd.
„Vielleicht ist's gar nur halb so wild?“
Und 's nochmals drüber rennt.
Das Blümlein auf der Erde liegt,
kein Gärtner hätt's mehr hingekriegt,
die Blättelein verloren,
der Kopf zur Seite abgeknickt,
vom Stängel fehlt ein großes Stück:
zum Untergang erkoren.

„Rindvieh, warum machst du das?
Macht es dir am Ende Spaß,
wenn ich verend' im Grab?"
Das Rindvieh fühlt sich angegriffen,
das Blümelein hat es angepfiffen,
und fraß die Blume ab.

Moral: Blümelein, warst wirklich dumm,
glaubst du, du polst ein Rindvieh um?
Und wenns dir bricht das Herz,
du selbst wirst nie ein Rindvieh sein.
Ein Rindvieh ist kein Blümelein,
erspar dir diesen Schmerz!

Wehr dich!

Mein Herz, das trug ich stets weit offen,
transparent und kristallklar.
So manch einer fing an zu hoffen,
denn was er sehen konnt', war wahr.
Zu sehen waren auch die Wunden
und was mein Herze macht so krank,
auch der Blues, den ich gesungen,
als in Kummer ich ertrank.
Kommt her, ihr sollt es alle sehen,
warum ich bin, so wie ich bin!
Übers Sinnen nachzusinnen,
brachte mich zum Eigensinn.
Glaubt ihr, ihr könnt mit mir spielen?
Mich, wie ihr wollt, manipulieren
und meine Lippen bleiben stumm?
Nie wieder werd ich resignieren,
nicht länger werd ich ignorieren,
stell mich nie wieder dumm.
Ich ergreif das Schwert der Wahrheit
und hinein geht's ins Gefecht!
Ab heut beharre ich auf Klarheit,
vorbei mit schlecht für Recht.
Ich tret nicht länger auf der Stelle,
denn entfacht ist neuer Wille,
kämpf für die Gerechtigkeit!
Nie wieder will ich mich bezwingen,
nie wieder werd ich sofort springen,
steh nicht für alles mehr bereit.

Meine Augen sind weit offen,
weit geöffnet auch mein Mund.
Habt ihr mich auch schwer getroffen,
ich bin immer noch gesund.
Mein Leid wird nicht mehr verherrlicht,
will kein Märtyrer mehr sein.
Ich bitte dich, einmal ehrlich,
und kein Egoistenschwein.

Der verbale Schlagaustausch
ist nicht gerad ein Kaffeeplausch,
wenn Unrecht ist geschehen.
So sollte man bei Uneinsicht
und der andre ist zu sehr erpicht,
getrennte Wege gehen.

Das Kellerlied

Ich sitze hier im Keller,
wo's dunkel ist und kalt,
die Welt, die dreht sich schneller;
ich finde keinen Halt.

Hier hausen Kreaturen,
die Spinne und ihr Kind,
blick' auf meine Blessuren
und draußen heult der Wind.

Mein Herz ist müd und traurig,
ich habe viel geweint,
hier ist's verstaubt und schaurig
und anders, als es scheint.

Verfallen und verlassen
und wie ein Gegenstand
sitz ich getrennt von allen
und lehn mich an die Wand.

Fühl mich so leer und einsam,
so wie das Kellerloch;
meine Stimmung ist im Keller –
na, dann passt das doch.

Für „Du weißt schon, wen“

Es lebt ein Mann in meiner Stadt,
den hass’ ich wie die Pest,
denn als es mir am schlimmsten ging,
da gab er mir den Rest.

Und ich in Einfalt hab geglaubt,
er könne mich gut leiden,
doch wollt er sich in Wahrheit nur
an meinem Unglück weiden.

Mein Blut, das kocht vor Wut in mir,
ich kann es noch nicht fassen,
dass ich selten dumme Kuh
das habe zugelassen.

Lyrisches Selbstmitleid

Am Tag, an dem ich nicht mehr leide,
begrabt mich bei der Trauerweide
und pflanzt mir Lilien auf mein Grab,
ihr wisst, wie gern ich Blumen hab,
und gönnt mir meine Ruh im Herrn
und weint nicht, das seh ich nicht gern.

Erklingt der Baum auf meinem Grab,
dann nur, weil ich so lieb euch hab,
vielleicht könnt ihr es dann verstehen
und es eines Tages sehen,
dass ich, die schlecht galt immerdar,
schon immer Gottes Engel war,
dem er alle Schuld vergibt,
weil ich euch so sehr hab geliebt.

Drum zündet mir ein Lichtlein an,
ich bitt euch alle, denkt daran!

Psychopath Nr. 1

Mein Freund, der ist ein armes Schwein,
er leidet unter Borderline.
Mit Nächstenliebe ist's vorbei,
vom Mitleid machte er sich frei,
er steckt in einer Depression
und er hört Stimmen polyphon.
Verfolgungsangst und Größenwahn
und das Profil von Peter Pan.
Ja, dieser Mann ist ganz speziell
und homo-bi-transsexuell,
denn mein Freund ist misogyn –
er hasst die Frauen und sie ihn,
denn er hat zu allem Überfluss
Komplexe mit dem Ödipus.
Er ist nur glücklich als Sadist.
Er ist ein Riesenegoist.
Er hat 'ne eigene Moral
und hält sich selber für normal.
Er lügt, dass sich die Balken biegen,
um Bewunderung zu kriegen.
Und sucht der Kerl das Abenteuer,
stürzt er sich in Paranoia.
Seine Freunde sind längst flüchtig,
denn er ist auch noch drogensüchtig.
Am besten Kokain und Speed,
deswegen ist er suizid.

Er hat verschiedne Zwangsneurosen
und noch andere Psychosen
und alles, was mir noch fällt ein,
das bildet er sich sicher ein,
denn er ist auch – oh welch ein Wunder –
unheilbar kranker Hypochonder!
Gehirnwäsche mit Schleudergang?
Das hält ein ganzes Leben lang.
Drum such den Fehler nicht bei dir
und nimm kein Beispiel dir an mir,
denn wer selbst im Glashaus sitzt,
macht gerne mal ’n bösen Witz,
doch sollt’ man nicht mit Steinen werfen
und das verbale Messer schärfen.

Das letzte Gefecht

„Wach auf, mein Freund, es ist so weit –
mach dich zum Kampfe jetzt bereit.
Das Böse gegen die Guten.
Steh aufrecht da, ergreif dein Schwert.
Erheb dein Haupt, besteig das Pferd.
Mach schnell! Du musst dich sputen!“

Gemeinsam stehn wir an der Front
wie gewollt und doch nicht gekonnt,
doch mit entschloss’nem Herzen.
„Auf geht’s, mein Freund, ab ins Gefecht,
der Herrgott hält sein Strafgericht;
damit ist nicht zu scherzen.“

„Auf, mit Gebrüll und Widderhorn,
die ganze Kompanie nach vorn!“,
so tönt der Offiziersmann.
Dieser Mann als Erster fällt,
im allerletzten Krieg der Welt,
gleich jeder was dafür kann.

„Kämpf weiter, Freund, die schaffen wir!“,
denn das Böse gewinnt nie.
Da bricht das Rad vom Wagen.
Das Schwerte schwingt,
mein Ross, das hinkt
und mir geht’s an den Kragen.

„Reit weiter, Freund, und lass mich liegen,
das Böse musst du jetzt besiegen.
Schlag dein Pferd und presch voran,
sorg dich nicht, ich bin nur einer
und für die Welt so gut wie keiner –
im Geiste gehn wir Hand in Hand.“

Und mein Freund, er ritt von dannen,
ich sah’s, bevor die Kräfte rangen
und mein Herz, das wurd’ so schwer.
Mein Blick fiel auf den Heereswagen,
der aussah wie ein Leichenwagen.
Dann sah ich ihn – und dann nichts mehr.

Ode an den Blinddarm

Oh Blinddarm, du in meinem Bauch,
sag mir, wofür ich dich brauch?
Was einst vor zig Millionen Jahren
wohl deine Funktionen waren,
scheint mir nicht möglich zu ergründen;
einzig allein sich zu entzünden,
scheint für heut dein Sinn und Zweck,
doch nähm man dich mir plötzlich weg,
würd ich ganz sicher dich vermissen
und hätt vielleicht ein schlecht Gewissen.
Oh du nichtsnutzig Gewürm,
du bist zu gar nichts gut
und doch fließt wie durch Zauberhand
auch durch dich mein Blut.
Oh armer, kleiner Taugenichts,
fühle dich nicht einsam;
sieht man es aus Gottes Sicht,
haben wir viel gemeinsam.

Baum 1

Mein lieber, alter Eichenbaum,
bestimmt erinnerst du dich kaum,
ich bin's, die rote Zora.
Damals nannt ich dich Baum eins
und insgeheim nannt ich dich meins,
wenn alles so verlorn war;
oft schwang ich damals wild umher
in deiner Zweigeskrone,
oft saß ich – manchmal stundenlang –
versteckt auf meinem Throne,
oft hab ich damals unbedacht
gebrochen manchen Zweig dir ab,
um im Kriegsspiel dich zu schlagen,
oft hab ich damals, wie gemein,
geritzt dir manche Narbe ein,
wie konnt' ich es nur wagen.
Beim Baumhausbau schlug ich dir feist
die Nägel durch den Ast so dreist
und hörte nicht dein Klagen.
Jetzt ist es zwanzig Jahre her
und ich bedaure wirklich sehr,
das wollt ich nur mal sagen.

Es geht nun wirklich nicht einher,
dass jemand kommt des Weges her,
um dir den Arm zu brechen,
dich damit schlagen mit Gewalt,
dich malträtieren eiseskalt
und mit dem Dolch zu stechen.
Als Last auf deiner Schulter sitzen,
sieht dich nicht bluten und nicht schwitzen.
Und wenn der Knochen bricht,
klettert er in selig Ruh
gemütlich auf das Rückgrat zu,
verlagert sein Gewicht.
Lieber Baum, es tut mir leid,
ich war so jung und ungescheit,
dass auch in dir steckt Leben.
Gar übel wird mir heute nun
bei meinem umweltschädlich Tun.
Sag, kannst du mir vergeben?

Das Böse in mir

Ich bin nicht mehr ich selber,
verloren hab ich mich,
ich weiß nicht, was ich tun soll,
ich hoff, ich finde mich.

Und finde ich die Teile,
die mich einst stellten dar,
und schau ich in mein Herze,
so wird mir eines klar.

Das, was in mir schlummert,
ein jeder Christ würd hassen;
ich hab mich nie verloren,
ich habe mich verlassen.

Wehe, wehe!

Sein' Glanz verlor das feine Gold.
Tief ist der Ozean der Schuld,
hoch der Verschmähten Woge.
Bittere Hoffnungslosigkeit,
gepaart mit Unversöhnlichkeit.
Zum Rand gefüllt, der Troge,
dem Schwein zum Fraße vorgeworfen.
Im Tränenmeer schon abgesoffen,
der Mond, verschmiert vom Blute.
Das Kind nach seiner Mutter schrie,
zerstört sei alle Phantasie.
Die Augen blind fürs Gute,
der Verfall hat schon begonnen.
Die Milch ist in der Brust geronnen.
Der Engel zückt die Waage,
das Volke ist vom Schwert erschlagen.
Dieses Joch kann keiner tragen,
erfüllt die sieben Plagen.
Bitter schmeckt der Wein des Zorns.
Noch einmal neu, nochmal von vorn
erschallt nun die Posaune.
Die Sichel zischt durch die Gemeinde,
dahingerafft sind Freund und Feinde.
Wer Einsicht hat, der staune.
Wer mächtig war in dieser Welt,
auch sein Haupt am Stein zerschellt,
am Stein mit sieben Augen.

Wehe dir, du Sünderherz,
im Schwefelsumpf ist glühend Schmerz,
und selig, wer hält Glauben.
Entscheide dich der beiden wegen,
willst du sterben oder leben?
Trifft dich Segen oder Fluch?
Oh, wie winzig ist die Türe,
oh, wie prunkvoll der verführe,
heilig jene, die im Buch.
Stöhne, Erde, und erzitter,
brausend naht der Himmelsritter.
Die Welt zerfällt in Scherben.
Nur wenig', die das Worte sagen,
nur wenig', die das Zeichen tragen
und viele sind's, die sterben.
Oh Mensch, fall endlich auf die Knie
und ruf zu Gott, so wie noch nie!
Sei selber dir der Richter,
denn Demut steht dem Sünder gut,
drum streu dir Asche auf den Hut.
Zeigt reumütig' Gesichter,
im Himmel herrscht Glückseligkeit,
drum mach zur Umkehr dich bereit
und bitte ums Vergeben.
Die Gnade ist unendlich groß,
denn nur als Kind auf seinem Schoß
schenkt er dir ewig' Leben.

(In ängstlichem Hinblick auf das Ende der Welt. Armer Johannes, der so etwas vor seinem geistigen Auge mit ansehen musste.)

Schaf im Wolfspelz

Ich bin ein armes Opfer
und Opfer sein ist schwer,
so tu ich vor den andern,
als ob ich Täter wär.

Ich mache böse Witze,
verdreh es von allein,
bin mutig, stolz und selbstverliebt,
doch leider nur zum Schein.

Denn in mir brennt die Trauer
und ein gebroch'nes Herz,
versteck meine Gefühle,
bewahrt vor neuem Schmerz.

Bin ekelig und dreckig
und geb mich selbstbewusst;
in mir, da schreit die Seele
vor Liebe und Verlust.

Damit man nicht nutzt aus mich,
die Seele nicht mehr leidet,
bin ich ein armes Schäfchen,
zum Schutz als Wolf verkleidet.

Als das, was ich tu hassen,
was mich zu dem gemacht.
Ich wünscht', ich würd es lassen.
Ach Gott, gib auf mich acht!

Der Trauerfalter

Trauerfalter, Trauerfalter,
weinst du über glücklich Psalter
und musst weiter Trauer tragen,
all dein Leid den Blumen klagen,
über Jahre, über Jahre,
sage mir, was bringt es dir?

Großes Leid und viele Lügen
drücken schwer auf deine Flügel.
Ach, wie soll Gott dich waschen rein,
wenn diese Schuld ist gar nicht dein?
Wenns einfach kommt wie's nicht sollt' sein,
was dann? Was dann?

Tränen stehn in deinen Augen,
kannst ans Gute kaum noch glauben.
Ist dein Geistchen so verschreckt?
Ich hoff, dass Gott es neu erweckt,
dass dich die Welt nicht niederstreckt,
ich hoff es, ja, ich hoff es.

Fliege, kleiner Trauerfalter,
zum Lebensgeber und Erhalter,
fliege höher als du kannst
und glaube, dass du es noch kannst.
Flieg zum Himmel hoch hinauf
und gib nicht auf, nicht auf.

Und bitte höre auf zu beten,
dass jemand kommt, dich zu zertreten,
weil du dich fühlst nicht gut genug.
Alles Böse ist Betrug.
Drum wein' ich bitterlich um dich,
denn du bist wie ich, wie ich …

Gebet in Verzweiflung

Ich warte auf ein Wunder,
ich warte schon so lang,
im Winter wie im Sommer,
schon sieben Jahre lang.

Ich bete und ich flehe,
ich weine und bin still
und glaube an ein Wunder,
wenn Jesus es so will.

Ich warte und bin stark,
doch langsam werd ich schwach,
ich schreie und werd wütend,
weil ich’s nicht mehr ertrag.

Ich fühl mich schlecht und wertlos,
in mir gedeiht der Frust,
ich reue meiner Sünden
und schlag mir an die Brust.

Nichts heilt meine Schmerzen,
ich kriege keine Luft,
ich dachte, du erhörst uns,
wenn man dich nur ruft.

Dein Wort, das ist die Wahrheit,
wer glaubt, der wird es sehn.
Ich glaube! Doch, ich glaube!
Ich kann es nicht verstehn.

Will ich denn gar wirklich
was so anderes als du?
Schick mir doch ein Wunder,
gib meiner Seele Ruh.

Lass doch nicht verzweifeln
den, der dir vertraut.
Noch nie hast du im Leide
so lange weggeschaut.

Hat die Liebe höchstpersönlich
mich als Einzige nicht lieb?
Ich warte auf mein Wunder
und glaub, dass es geschieht.

Seelenheil

Ganz am Anfang war das Wort,
von Anfang an, da war es dort;
und das Wort, es war bei dir.
Du hast gesagt: Es werde Licht!
Dem Heiligen und Bösewicht
und somit auch in mir.

So hoffe ich, trotz geiler Lüste
wird zum Garten hier die Wüste,
die rein unbefleckt soll sein,
wenn scharlachroten Wein wir nippen,
so scharlachrot sind auch die Lippen,
so schenk mir Liebe ein.

Denn du sagst, dass der Liebe Macht
gar alles zu verändern mag.
Ich darf mich nicht beklagen,
doch scheint sie oft nur wie die Kraft,
die's irgendwie trotz allem schafft,
dass ich es kann ertragen.

Denn Wollust ward dem Wurm gegeben,
doch sagst du erst mal „Ja!“ zum Leben
und öffnest dich dem allen,
packt auch die Angst dich im Genick,
dass jedes kleine Missgeschick
dir furchtbar könnt' missfallen.

Denn scharlachrot war auch dein Blut,
das du musstest vergießen,
dass auf der dürren Wüste Land
konnt' hundert Blumen sprießen.
Und freudig liebt die rote Rose
stolz und nicht grad leise,
und sehnsuchtsvoll verzehret sich
wehmütig die weiße.

Demut steht dem Sünder gut
und Tränen dem Verlierer,
Glück dem, der rechten Herzens ist
und Schame dem Verführer.
Liebe steht den Heil'gen gut,
drum lass mich sein ein Teil,
ich brauche nur ein Wort von dir:
das Wörtchen Seelenheil.

Öffne dein Herz

Erst wenn alle Brünnlein fließen,
wird bald sprießen sattes Grün,
doch ist die Quelle fest versiegelt,
ist's verdorrt und kann nichts blühn.

Wer die Mauer hat errichtet,
kann nur an seine Grenzen gehn;
wer die Steine hat zertrümmert,
kann weit, weit in die Ferne sehn.

Wer will, dass tausend Blumen sprießen
und sät die Saat ins dürre Land,
sollt' nicht vergessen, sie zu gießen
und zu warten ganz gespannt.

Sind deine Tore fest geschlossen,
sitzt im Dunkeln du allein;
drum öffne ganz weit deine Seele,
lass den Sonnenschein herein.

Anbetung der Schöpfung

Es preisen dich die Lilien,
der Klee auf grünem Flor.
Es preiset dir zu Ehren
Viola tricolor.
Es klatschen in die Blätter
Baum und jeder Strauch,
es preist die rote Rose,
die weiße tut es auch.
Vergissmeinnicht und Veilchen,
Nelke und Narziss',
es preiset dich gar jeder,
der deiner ist gewiss.
Es preisen dich der Regen,
die Sonne und der Wind,
es preisen alle Tiere,
und jedes Menschenkind.
Es preiset dich die Wüste,
es preiset dich das Meer,
es preisen dich die Wälder,
denn du bist aller Herr.
Es preisen dich die Herzen,
die Seele lobet dich;
es preiset dich die Liebe,
die in mir ist durch dich.
Es jubelt laut die Erde,
es jubelt der Verstand.
Deine Schöpfung feiert
in deiner lieben Hand.

Der Narr (am letzten Tag)

„Mein Kind, ich werd dich lieben,
doch sag, wo ist dein Dienst geblieben?
Ich muss dich pausenlos beschützen,
willst du mir denn gar nicht nützen?
Du weißt doch, was du schuldest mir,
ich gab dir meinen Geist dafür.“

„Nein, ich leb, wie's mir gefällt.
So voller Schönheit ist die Welt;
ich möchte tanzen, möchte lachen,
wie spannend sind verbot'ne Sachen.
Du weißt doch, wie sehr ich dich mag,
ich sag es dir am letzten Tag.“

„Mein Kind, was soll nur aus dir werden?
Wie töricht bist du doch auf Erden.
Ich möchte dich doch nur bewahren,
vor all dem Unheil und Gefahren.
Ewig, ewig lieb ich dich –
doch fliehe meine Wege nicht!“

„Ach, ich verlass mich halt auf dich,
denn ich weiß, du begleitest mich;
und meine Liebe gilt dem Leben
und auch gerade denen eben,
die deine Wege kennen nicht:
Am letzten Tag mach's besser ich.“

„Ach Kind, ich mach mir wirklich Sorgen,
du lebst, als gäb's kein Heut und Morgen.
Frauen, Glücksspiel, roter Wein,
soll das für dich alles sein?
Du weißt, der Segen kommt von mir,
bitte kehre um zu mir."

„Nein, ich geh weiter meinen Weg
und ich nicht länger überleg.
Am letzten Tag mach ich es gut,
doch lass mir meinen Übermut.
Kritik und Druck ich nicht ertrag,
drück nieder mich am letzten Tag."

„Warum sind nur so dumm die Kleinen?
Bei deiner Sturheit muss ich weinen.
Du gibst charmant dich, beinah schmalzig,
doch bist du fade, nicht mehr salzig.
All dein Öl ist längst verbrannt
und das, obwohl du mich erkannt."

„Ich schick dir viele liebe Grüße,
vielleicht steh ich halt mehr aufs Süße,
bin egoistisch und gemein –
mein Leben könnt' nicht besser sein.
Und weißt du was? Ich find das gut!
Am letzten Tag vergieß mein Blut!"

Da ist der letzte Tag gekommen,
ein jähes Ende hat genommen
die Welt, wie wir sie kannten,
gerettet Freunde und Verwandte.
Was glaubt ihr, geschah da mit ihm?
Auch wenn es ganz anders schien,
in Liebe streckte er aus die Hände
und sein Herz sprach ganze Bände.
Er weint' in Reue voller Leid
über die verlorne Zeit.
Am letzten Tag in seinem Leben
hat Gott aus Gnade ihm vergeben –
unverdient, er tat es doch,
so war er und so ist er noch.

Hamster Dr. Evil

Es war der zwanzigste November,
ein dunkles Datum im Kalender,
ein kalter, grauer Wintertag.
Denn um die dritte Mittagsstunde
erreichte uns die traurig Kunde,
dass Evil, unser Hamster, starb.
Der beste Hamster, den wir hatten!
Und kein Vergleich mit all den Ratten.
Er war ein ganz besondres Tier.
Noch nie hat Evil uns gebissen,
Gott weiß, wir werden sie vermissen.
Dies Gedicht zur Ehre ihr!
Sie war so süß und liebenswert,
ihr Leben verlief unbeschwert
als Freund an unsrer Seite.
Doch plötzlich ließ sie uns allein,
vom Herzen fließen Tränelein,
weil ’s Schicksal uns entzweite.
Und bald schon naht das Weihnachtsfest,
doch leer und kalt ist ’s Hamsternest,
denn sie ist nicht mehr hier
und ich wohl an sie denken werde,
wie sie aus kalter, nasser Erde
klopft an die Hamsterhimmeltür.
„Los, zerreiß die irdisch Zügel,
vielleicht schenkt Gott dir kleine Flügel“ –
auf jeden Fall, da geht’s ihr gut.

Doch liegt bei allen Weihnachtskerzen
ein trauriges Gefühl im Herzen,
doch sieht man uns mit frohem Mut,
kennt sie auch nicht den Gottessohn
und hat gar keine Religion,
doch schreibt man von ihr Lieder.
Ein Hamsterchen, das lieben kann,
das nimmt Gott sicher gerne an
und dann sehn wir uns wieder.

(based on true events)

Und ich träumte

Der Wald bestand nur aus drei Bäumen,
kaum noch Platz, um dort zu träumen
von einst so grenzenlos Natur –
ich fragte mich, wo ist sie nur?

Grauer Asphalt sich jetzt erstreckte,
ein kleiner Vogel sich erschreckte,
ging suchend ich die Straße lang
hinab zum Fluss, zum Biberdamm.

Er war vermodert und verdorrt,
nur Sumpf und Steine waren dort.
Ich schloss die Augen und ich träumte,
wie frisches Wasser spritzt' und schäumte.

Wie Fische sich im Flusse kühlten,
wie die Libellen fröhlich spielten,
von sattem Klee auf grüner Flur –
und fragte mich, wo ist sie nur?

Ich warf den Kopf in mein Genick,
warf meinen Blick auf die Fabrik:
sich wie ein Mahnmal hebt empor,
gelbe Fässer waren davor.
Das einzig Bunte weit und breit
war sickernd grüne Flüssigkeit.

Ich schloss die Augen und ich träumte
von einst so wunderschönen Bäumen;
um mich herum es würd erblühen
und kein Tierchen müsst' mehr fliehen.

Die Trauben hingen in süßen Dolden.
Die Sonne färbte alles golden.
Der Schmetterling schwebte sacht
über leuchtend Blumenpracht.

Hier waren Hasen und dort Rehe,
es sangen Nachtigall und Krähe.
In einst so unberührt Natur –
ich fragte mich, wo ist sie nur?

Und ich erwachte voller Trauer;
um mich herum war nichts als Mauer.
Ein toter Wald, ein toter Fluss,
der Himmel grau und voller Ruß:
zerstört, vernichtet, umgebracht,
weil wieder nicht vorausgedacht.

Ich weinte, da erblickte ich
ein halb verblüht' Vergissmeinnicht.
Mir wurde schlecht
und ich hörte auf, mich zu fragen
und ich hörte auf zu träumen.

Vollkommener Moment

Regen trifft die dürre Wüste.
Saat geht auf, wenn auch recht spät.
Weil der Herr sie zärtlich küsste,
blüht es nun, wo nichts gesät.

Sonne trifft das eisig Wasser
und ihr Glanz, der strahlt zurück.
Liebe füllet Neid und Hasser,
heilig ist der Augenblick.

Der Wind

Es liebt mich der Wind,
das himmlische Kind,
mal stürmisch, mal zärtlich,
mal sanft, mal recht wertlich;
so liebt mich der Wind,
das himmlische Kind,
und beachte ich ihn nicht,
schlägt er mir nasskalt ins Gesicht,
mal tosend, mal leise,
mal warm, mal im Eise.

Doch leider, ach, ist der Wind
ein recht unstetes Kind.
Er liebt, wo's ihm gefällt
überall auf der Welt,
liebt Berge und Wälder,
liebt Blumen und Felder,
liebt die Wüste, das Meer,
liebt Asphalt, liebt den Teer,
denn leider, ach, ist der Wind
ein recht unstetes Kind.

Und er bläst hinfort die Tränen
meines unerfüllten Sehnens;
was ich nannt' Untreue so lang,
wäre für ihn Müßiggang;
drum zieht er heulend um die Mauer,
so wie ich das Herz voll Trauer,
denn leider, ach, ist der Wind
kein Menschenkind, kein Menschenkind.

Der Eisspringer

Mit weißem Federkleid so rein,
am Himmelsblau im Sonnenschein
fliegt ein kleiner Eisspringer,
ein guter Sportler, ein schlechter Singer,
im Kunstfluge so hoch und hehr,
im Auge glänzt sein Ziel: das Meer!
Voll Übermut und vogelfrei,
dort in der Bucht von Norderney,
setzt er zur Landung auf die Klippe,
auf ein Stöcklein, eine Wippe
und schwingt so schwungvoll und adrett
auf seinem Hochturmspringerbrett.
In blauer See die Fischlein schimmern;
der Eisspringer als guter Schwimmer
stößt sich ab mit beiden Beinen,
will sich ein Fischlein einverleiben,
das dort glänzt so appetitlich,
das sich sonnt dort noch so friedlich,
das arglos rumschwimmt und nicht murrt,
dem Eisspringer das Mäglein knurrt.
Im Sturzflug stürzt er sich hinab,
ein einziges, gekonntes „schnapp" –
schlang er das Fischlein, ach, so hastig!
Und da, oje, war's ein Stück Plastik,
das dort schwamm direkt im Meer
und drum herum noch viel, viel mehr.

Es blieb dem Tier im Halse stecken
und qualvoll musste es verrecken
zwischen Müll und Müllermilch,
grauenvoll und jämmerlich.
Ein erstickend „krächz“, das niemand hört,
das auf der See niemanden stört.
Sein erlöschend Aug’ im Todeswahn
sah Kondor, Möwe, Pelikan
und tausend seiner Artgenossen,
die so wie er ganz unverdrossen
den Müll von Strand und Meer gefressen,
den wir oft absichtlich vergessen,
in einem unbeschreiblich Leid,
eine richtig lange Zeit,
qualvoll daran sind verendet –
drum das Gedicht mit Fakten endet:

Dreimal mehr Müll werfen wir ins Meer,
als jährlich gibt der Fischfang her.
Im Pazifik schwimmt laut Biologen
ein Abfallberg, der ungelogen
von Zentralafrika die Größe hat!
Dort findet Massensterben statt.

Die Verwesung einer Plastiktüte
braucht 400 Jahre, du meine Güte!
Dabei entstehen giftig Gase
und Kleinstpartikel in hohem Maße,
wovon das Plankton sich ernährt,
der Fisch es frisst und mit verzehrt
und schließlich kommt in unsren Magen,
was wir auf Dauer nicht vertragen.
Und auch mit Trinkwasser wird's dumm:
Uran, Toxine, Cäsium,
weil Haus- und atomarer Müll
schon seit Jahrzehnten überquillt,
wird es weltweit immer mehr,
wir werden längst dem nicht mehr Herr.

Erhoben über Natur und Tier,
als Krone der Schöpfung, so denken wir,
doch die Verantwortung ging flöten,
weil wir es sind, die alles töten.
Durch Ignoranz und ungewollt
sind wir an allem Übel schuld.
Versucht zu retten, was noch geht –
denn morgen ist's vielleicht zu spät!

(aktueller Stand 2006; was glaubt ihr, wie schlimm es inzwischen ist?!)

Das Lied der Spinne

„Ich singe so leis', nimmst es kaum wahr,
so leis' wie das Zirpen der Grille gar.
Ich spinne und singe bei Tag und bei Nacht,
bis mein Kunstwerk ist vollbracht.
Ich spinne, ich spinne die Fäden so hell,
mit acht Beinen achtmal so schnell
webe ich, webe ich schnell wie der Wind
den Stoff, aus dem die Träume sind.
Ich spinne und spinne mit schimmernder Seide;
ich webe, ich webe ein silbernes Kleide.
Ich knüpf mir und spann mir ein Netz, das hält,
wenn ein Stern vom Himmel fällt.

Bin nur ein kleiner Weberknecht,
ich bitte dich, erschlag mich nicht."

Die kleine Fee

Der Winter schreibt die Symphonie
von bittersüß Melancholie,
die sehnsuchtsvoll begleitet,
oh, welch betörend Melodie,
wie solch verworren Prophetie
im Herzen sich verbreitet.

Die Welt liegt wie vom Schlaf verführt,
das Städtelein wie unberührt
in reinem Weiß versunken.
Selbst das Moor am Todesweiher,
bedeckt mit jungfräulichem Schleier,
von selig Ruh betrunken.

Mein schwerer Seufzer bricht die Stille
bei dieser unschuldig Idylle;
kalt kriecht der Abendhauch,
das warme Licht vom Kachelofen
macht so müde, so betroffen;
der grüne Wein tat's auch.

Verlorn in düstren Memorien
ließ ich die Gedanken fliehen;
die Kirchturmuhr schlug zwölfe.
Im Weinkelch aus kristall'nem Glase
neben der antiken Vase
saß plötzlich eine Elfe.

Sie tanzte um den Becherrand,
hypnotisch starrt' ich wie gebannt
auf anmutige Waden,
wenn sich die Fee im Kreise drehte,
ein grüner Schleier sie umwehte
wie grüne Nebelschwaden.

Sie lacht' mir zu so selbstverständlich,
was so bezaubernd und befremdlich,
und sprang und tanzte fort und fort,
als wäre dieses magisch Wesen
wohl schon immer hier gewesen
im Weinkelch an besagtem Ort.

Bald schliefen mir die Glieder ein,
wie bittrer Wermut lag der Wein
in meinem alten Magen.
„Ach, liebe Fee", so sprach ich leise,
„nur einen Wunsch auf märchenweise
mir bitte nicht versage.

Sieh mich, ich bin alt und krank,
mein Herze liegt schon lange blank,
vom Leben bin ich müde.
Verdammt bin ich, ein großer Sünder,
ein ungerechter Rechtsverkünder
mit schlechter Attitüde.

So wie der Schnee das Land bedecket,
so völlig rein und unbeflecket,
so fänd ich meine Ruh,
drum bitte ich dich, liebe Fee,
deck doch so zärtlich wie der Schnee
mir meine Sünden zu!“

Die Fee stieß aus ein laut Gewimmer,
laut schreiend brauste sie durchs Zimmer,
erstarrt war ich vor Schreck!
Ob ich wohl was Falsches sagte?
„Warte, liebe Elfe, warte!“
Durchs Fenster flog sie weg.

Drum stürmt’ ich raus vor meine Tür,
das grüne Licht gut im Visier.
„Bleib hier!“, so rief ich heiser.
Die Fee, sie darf mir nicht entkommen
und dennoch ist sie mir entronnen;
dort hinten schwebt sie leise.

Und ich lief, um zu vergessen.
Ja, ich rannte wie besessen
diesem Lichtlein hinterher;
ich lief, bis mir die Lunge brannte.
Der Knochen schmerzt’, egal! Ich rannte!
Ich musst’ es und konnt’ längst nicht mehr.

Der Schnee erstickte jeden Schritt,
die alte Pumpe macht' nicht mit,
der Frost nahm mir den Atem.
Ich einen letzten Schritt noch wankte,
um mich herum die Welt so schwankte,
ein großer, weißer Garten.

Das grüne Licht war viel zu schnell,
der Schnee so kühl, so sanft, so hell.
Mein Blut kocht' in der Vene,
im weißen Bett war kühle Ruh,
der zarte Frost deckte mich zu
auf den Stufen Sankt Helene.

Der Apostel schmückt das Kirchentor,
ein toter Mann liegt jetzt davor,
greift nach dem Jesuskind,
die Hände steif, sein Blick erfroren
und rechts von ihm, auf den Emporen,
liegt die Flasche mit Absinth.

Der Käfer

Auf dem Spiegel überm Becken
musste ich entsetzt entdecken
einen Käfer, richtig eklig,
der Gott sei Dank recht unbeweglich
auf dem Spiegel saß, oh wei!
Und es sah aus, als wären's zwei.

Er sah nicht aus wie eine Schnake.
Es war auch keine Kakerlake,
mehr ein Mistkäfer in dünn –
voller Panik starrt' ich hin –
wie er sich tat so seltsam beugen
und mit gruslig Greifwerkzeugen
attackiert' sein Spiegelbild,
sich selbst wohl für wen anders hielt.

Ich geriet bereits ins Schwitzen:
„Bitte, bleibe bloß dort sitzen!"
Ich würd 'ne Ekelpanik kriegen,
fing das Vieh jetzt an zu fliegen.
Wer weiß denn, wo es hin entschwindet,
ob man's am Ende wieder findet.
Und nachher bei meinem Glücken
sitzt er direkt auf meinem Rücken.

Bloß nicht aus den Augen lassen!
Die nackte Angst tat mich erfassen.
So sehr, ich konnte nicht mehr wagen
den Versuch, ihn zu erschlagen.
Drum tat ich mich zur Türe winden –
so schnell es ging, um zu verschwinden.

Ich brachte mich in Sicherheit,
doch bald darauf schon kam die Zeit,
da konnt' nicht länger ich verzichten,
meine Notdurft zu verrichten.
So musste ich trotz Unbehagen
mich zum Feind zurück wohl wagen.

So sehr hofft' ich, der wär längst fort,
doch saß er noch am selben Ort,
glotzte an sein Spiegelbild
und krabbelte dabei wie wild,
als wäre er beim Käfertanze
mit einer ganz besondren Wanze.

Was erst sah aus wie attackieren,
schien mehr ein widerlich flanieren.
Da dachte ich ganz ungewillt:
„Der küsst sein eigen Spiegelbild.“
War dieses Käferlein vom Mist
vielleicht ein winzig klein Narzist?

Na, um so besser – jetzt gibt's Prügel!
Doch da, igitt! Er spreizt die Flügel!
Mein Todeslatschen schlägt daneben –
der Käfer rettete sein Leben
und flog im Kreis mit viel Gebrumm,
aufgescheucht um mich herum.

In dem Moment wurd' ich hysterisch
und fuchtelte herum cholerisch:
„Bitte, lande nicht auf mir!“
Gut, jetzt sitzt er auf der Tür.
Was sag ich „gut“? Die Kräfte rangen –
jetzt hält das Mistvieh mich gefangen.
Hier komm ich niemals wieder raus,
der Käfer sah so riesig aus.

Drum fing ich lauthals an zu schreien:
„Irgendwer muss mich befreien!“
Ich stieß ein lautes Heulen aus,
das drang bis in des Nachbarn Haus,
der, so entsetzt von meinem Schrei,
als erstes rief die Polizei.

Nach Mord und Totschlag hat's gerochen,
meine Tür wurd' aufgebrochen
und ein Trupp von vierzehn Mann
stürmte einsatzbereit an.
„Keine Angst, wir hol'n Sie raus!
Umgebung sichern, auch das Haus!“

Nein, die kannten keinen Spaß,
die hatten sogar Tränengas.
Ich fühlte mich schon fast gerettet,
als vierzehn Mann in der Toilette,
die bewaffnet bis zum Ohr,
schrien: „Hände hoch! Was geht hier vor?!“

Es kam noch nicht ein Ton von mir,
da piepst es ängstlich von der Tür:
„Oh, Gott sei Dank, da sind Sie ja!
Sehn Sie dieses Mädchen da?
Die wollt’ mich einfach so erschlagen.
Warum, das wollte sie nicht sagen.
Gut, dass Sie so schnell gekommen,
ich hab sie schon mal festgenommen!“

Verwundert starrt’ ich und perplex
auf dieses heimtückisch Insekt,
als auch schon die Handschell’n klickten
und fünfe mich zu Boden drückten.
Der Käfer war so abgezockt,
ich wurd’ elektrisch kurz geschockt
und dann apathisch abgeführt –
das hat mich ziemlich deprimiert.

Doch Unrecht war es eig’ntlich nicht,
sieht man’s aus des Käfers Sicht!
Drum soll der liebe Gott mal machen,
wenn er schafft Recht den wirklich Schwachen!

Die Ratte

Es war stockfinster um vier,
da klopfte es an meine Tür,
hat mich vom Traume aufgeweckt
und mich fürchterlich erschreckt.
Es muss wohl was passieret sein,
wenn jemand will so spät hinein.

Drum schloss ich auf die schwere Tür,
erst schien es, als wär niemand hier,
doch saß auf der Willkommensmatte
eine kleine, graue Ratte,
die schüchtern, ängstlich mich beäugte
und sich demutsvoll verbeugte:
„Ach, bitte", piepste sie ganz sacht,
„gewährt mir Obdach diese Nacht.
Die Katze ist mir hinterher
und ich bin müd, ich kann nicht mehr.
Ach, rettet mich aus meiner Not,
sonst holt gewiss mich heut der Tod."

Ihre kleinen Augen flehten,
die Händchen, ja, als würd sie beten,
da musste mir das Herz erweichen,
das war sicherlich ein Zeichen.

Drum bat ich höflichst sie hinein
und gab ihr Käse, Brot und Wein
und weil sie war so lieb und nett,
baut' ich ihr ein kleines Bett
aus Stroh und Heu und etwas Watte
für die arme, kleine Ratte,
die völlig fertig schien zu sein;
dankbar kuschelt' sie sich ein.
So gab gerührt ich ihr zum Schluss
in wahrer Liebe einen Kuss.

Die Nacht ging glücklich ich zu Bett:
„Mann, was war die Ratte nett!"
Und ganz befreit von allem Schlechten,
träumt' ich den Traume der Gerechten.

Am Tag darauf so gegen acht
bin ich zufrieden aufgewacht
und hoffte, dass die liebe Ratte
so gut wie ich geschlafen hatte.

Drum lief ich freudig hin zu ihr,
doch leider war sie nicht mehr hier.
Nur ein kalter, leerer Fleck –
und hundert Euro waren weg.

Und auch der Schmuck und die Juwelen,
selbst der Fernseher tat fehlen.
Und die Gemälde an der Wand?
Weggemopst durch Rattenhand!
Selbst der Tresor, ohne Gewissen,
wurde aus der Wand gerissen.
Sogar im Keller drei Sack Kohlen,
alles weg, alles gestohlen.

Wütend brannten meine Wangen,
ich fühlte mich so hintergangen.
Enttäuschet sank zu Boden ich
und weinte erst mal bitterlich.
Warum passiert das immer mir?
Da sah ich etwas an der Tür –
es lag ein Zettel auf der Matte:
VERTRAUE NIEMALS EINER RATTE!

Hilfe! Spinne!

Oh, Jesus Christus, Gott im Himmel,
bewahr mich vor dem Spinnentier.
So zwiespältig sind die Gefühle,
denn sie stammt wie ich von dir.

Doch ich fürcht mich fast zu Tode
vor dem kleinen Spinnchen hier.
Bin ich auch größer – für ’ne Spinne
ist sie doch ein recht fettes Tier.

Ich bin mir sicher, die kann springen.
Ich hab Angst, sie springt mich an.
Der Verstand rät, sie zu töten,
doch das maß ich mir nicht an.

Drum bitt ich dich, eil mir zur Hilfe,
dass ich ohne Angst sie fang.
Dass sie’s nicht schaffet, mich zu beißen
und ja nicht läuft mein Bein entlang!

Ich weiß ja, du hast sie erschaffen,
ein kleines Kunstwerk ganz für sich.
Drum gib mir Kraft, auch sie zu lieben,
dass ich nicht länger fürchte mich.

Wie ist das Einfachste im Leben
manchmal doch so kompliziert,
das Spinnchen draußen war so nützlich,
doch drinnen plötzlich eklig wird.

Und leider kann ich's nicht versprechen,
dass ich nicht doch eine erschlag.
Ich will mein Allerbestes geben
und hoff, dass ich's durch dich vermag.

Doch halt mich fern von dieser Prüfung
und mein Zimmer spinnenfrei,
denn aus Angst wird man zum Mörder
und danach tut's einem leid.

Der süße Brei

Die Liebe ist, es sei wie's sei,
auf Erden oft nur Quälerei.
Voll Dominanz und falsch Belehrung
und viel zu oft nur hart Entbehrung.
Drum bin ich heute mal so frei
und koch dir einen süßen Brei,
der dir bringt freundliches Vergessen,
dass man die Liebe kann nicht essen.
Drum mische ich die Liebe ein,
die ungebrochen sei und rein.
Fern von der Gerüchteküche
vieler unzureifer Früchte.
Ohne Bitterkeit der Tränen
oft zu unerfülltem Sehnen,
voll Ehrlichkeit und ohne Scheu,
die wohlwollend soll sein und treu.
Mit Worten, die dein Herz berühren,
die sanft und heilend dich verführen,
koch ich mit Liebe einer Frau
einen Brei, so süß wie Honigtau.
Drum iss, bis dir der Magen schwillt,
dass du auf ewig abgefüllt.
Sollst du laben dich und weiden
und nie wieder Hunger leiden.
Dass alle Liebe dieser Welt
du siehst in deinem Spiegelbild,
denn du bist doch, es sei wie's sei,
ach, so viel süßer als mein Brei.

Andrea's Traum

Einst träumt' von einem Mädchen ich,
das war recht blass und wunderlich,
mir fremd und doch vertraut.
Ein wenig war es wunderlich,
es sprach zu mir: Erinnre dich
an Bräutigam und Braut.

Einst vor vielen, langen Jahren
zwei Kinder sehr verliebt wohl waren,
einst in einer andren Zeit.
Doch diese Liebe war verboten,
drum hat aus dem Reich der Toten
das Böse sie entzweit.

Das Kind erzählte die Legende
und seine kleinen, kalten Hände
und der durchdringende Blick
machten mich ganz unbehaglich,
auch die Story war recht fraglich,
doch blieb ich dort und ging nicht weg.

Es mahnte mich, gut zuzuhören,
doch irgendetwas tat mich stören,
vielleicht war's nur die Scheu.
Das Mädchen sprach, als wenn es sang,
und um seinen Leib sich rang
wilder Wein und Efeu.

Dann stand auf einem Acker ich,
der schlammig war und moderig,
und dort in einer Grube,
schwer verwundet, halb begraben,
angefressen von den Raben,
ein kleiner, blasser Bube.

Er war mehr tot als noch am Leben,
grad seine Hand konnt' er noch heben,
fast blieb das Herz mir stehen.
Dieses Etwas dort im Graben
war der jämmerlichste Knabe,
den je zuvor ich hatt gesehen.

Drei Priester standen in der Nähe
und sie riefen: Wehe! Wehe!
Ich solle ganz schnell gehen.
Mit Bibel und mit Kreuz erhoben
drohten sie mit Zorn von oben,
blieb' ich beim Graben stehen.

Da war ich hin- und hergerissen,
doch plagte mich mein schlecht Gewissen
beim Anblick von dem Jungen.
Da ergriff ich seine Hand
und zog ihn raus aus Lehm und Sand,
da ist Musik erklungen.

Da schien mir das Gesicht des Bengels
wie das Antlitz eines Engels.
Leise sprach er: Vielen Dank.
Ein Licht erstrahlte hell vom Hügel,
da breitete er aus die Flügel,
bis er schließlich ganz verschwand.

Der Löwenzahn Teil 1

Es war einmal ein Löwenzahn,
verliebt in einen Gockelhahn,
der aus Verseh'n nach ihm gepickt
und auch mal freundlich zugenickt.
So träumte er, er wär ein Huhn,
um was er sehnte, auch zu tun.
Und der Gockel stolz und hehr,
war hinter allen Hühnern her.
Was für den Löwenzahn gemein,
der gern wollt' eins von ihnen sein.
So weinte er gar viele Tränen,
war am Wünschen, sich am Sehnen
und wollt' ab jetzt nie wieder ruh'n,
bis Gott, der Herr, ihn macht zum Huhn.
Den Sommer harrte er mit Flehen
und als der Frost begann zu wehen,
erhob er einen letzten Schrei,
dann brach sein kleines Herz entzwei.
Doch es geschah in dieser Nacht
im Hühnerstall durch seltsam Macht,
was Mutter Henne sehr bewegte,
weil sie ein gelbes Eichen legte:
den Löwenzahn, man ahnt es schon,
vielmehr die Reinkarnation,
der bald als Hühnchen sollte eben
noch viel Spannendes erleben –
doch der Teil der Geschichte fehlt
und wird ein ander Mal erzählt.

Der Damenschuh

Es stand ein Schuh in der Garderobe,
elegant und hoch in Mode.
Ein Kunstwerk edler Handarbeit,
das liebevoll und mit viel Zeit,
adrett verziert von tausend Webern:
ein Stiefelchen aus blankem Leder.

Es träumte von der großen Stadt,
von Fliesenböden aus Achat,
von Granit auf den Straßen,
von dem Marmor der Terrassen,
vom sanften Grün im Rosengarten,
kann’s in Gedanken kaum erwarten,
auf rotem Teppich gar zu stehn,
denn seine Schönheit ließ sich sehn.

Und all die and‘ren hässlich Latschen
müssten ihr zur Ehre klatschen,
bei ihrer Grazie ungeheuer,
bei ihrem Preis, der viel zu teuer,
und dazu höflich und charmant
und unerreichbar elegant,
hört es im Geist schon das Gezeter
all der neiderfüllten Treter,
wie ein himmlisch Ruhmeslied,
das ihrer Anmut recht geschieht.

So träumt der Schuh in Starallüre
von adeliger Haute Couture,
als plötzlich auf ein leis Geplänkel
räuspert sich der Lackschnürsenkel
in seinem Mantel wie geleckt,
geschmeidig glänzend und so keck,
sich schlängelt um die Stiefelette.

„Na, das hier ist doch mal ’ne Nette!
Guten Tag auch, junge Dame.
Erlauben Sie’s, dass ich umgarne
nur ein wenig ihren Absatz?
Glauben S’ ruhig, mit guter Absicht.
Warum scheuen Sie zurück?
Ich bin doch auch ein edles Stück.
Mit meinem halben Meter Länge
bin ich ein stattliches Geschlänge.
Da kommt Ihn’n sicher in den Sinn,
wie gelenkig ich wohl bin?!“

Und er lächelte recht schmierig
und beäugte recht begierig
den Damenschuh, der recht pikiert,
der schließlich eitel und blasiert
sich fragte, wie er’s konnte wagen,
nur ein Wort zu ihr zu sagen.
Auf so derbe, plumpe Weise
ohne ausdrücklich Geheiße.

Sich gar erdreistet, ihn zu fassen,
wo sie doch aus verschiednen Klassen,
sprach er höhnisch und verachtend:
„Ach, würden bitte Sie's erachten,
mir dünkt, Sie scheinen nicht im Bilde,
dass ich als so kunstvoll Gebilde
mich nicht gezieme zu verkehren,
doch mich herablass zu belehren,
dass es im Maße ungehörig,
wenn ein Crétin – das ist französisch –
sich einer Dame ihrer Art
annähert so unapart."

Und man begreife die Empörung
dieser unentschuldbar Störung:
ist Mittelmaß auch wunderbar,
sieht er sich selbst als Bourgeois.
Drum drängte sie ihn sanft zu gehn:
„À bientôt. Auf Wiedersehn!"

Der Lackschuh denkt sich: „Das wird schwer,
da muss 'ne neue Taktik her!"
Drum säuselt er in heimlich Brunst
und unheilvoller Schauspielkunst:
„Aber meine liebe Dame,
jetzt erfüllt Ihr mich mit Schame.
Ich hab zuvor noch nie gesehen
ein' Schuh, der wär vergleichbar schön.

Ihr Leder weich und ach so seidig
und ihre Sohle so geschmeidig,
deswegen starr ich so gebannt,
und klug sind Sie und wortgewandt.
Verzeihen Sie's mir, schöne Dame.
Prinz von Lackmeier, mein Name.
Ich war wohl etwas überschnell
und hab mich nicht mal vorgestellt.
Bedauerung sei Ihn'n versichert."

Der Damenschuh errötend kichert:
„Ach, mein Prinz, ich wusste nicht ...
bedenken Sie's aus meiner Sicht ..."
„Nein, der Fauxpas liegt ganz bei mir,
drum, chère Madame, erlauben S' mir,
dass ich vergüte die Blamage
mit einer Stiefelschaftmassage.

Natürlich selbstlos und geschäftlich,
oh, Ihre Schönheit – so vortrefflich ...
Gestatten Sie's, dass ich kurz löse
diese reizend Silberöse?
Ich tu Ihn'n sicher keine Schand,
begeben S' sich in meine Hand ..."

Der Damenschuh sanft resigniert
und plötzlich doch Interesse spürt:
„Ein Prinz! Das wäre wunderbar …“
Wie ist der Schuh beeinflussbar –
vertrauensvoll die Augen schloss
zu dem vermeintlich Prinzens Kuss
und sein Schnürsenkel schlingt leise
sich zur Innenfutters Seide,
schlängelt sich zum Senkelloch:
„Komm schon her, du willst es doch!“
Und schnürt ihn fest durch alle Löcher,
schlingt, umarmt ihn noch und nöcher –
und das Stiefelchen verfiel
dem hinterhältig Liebesspiel,
das hochmütig und hochpoliert,
vom Straßentreter defloriert,
ward bald verlacht bei all den Schuhen
und da die Lästerer nicht ruhen,
kam's Wörtchen Nuttenstiefel auf
und alle, alle zeigten drauf
und setzen ihm gar übel zu,
dem geschändet Damenschuh.

Der Flaschengeist

Die Nacht war hoffnungslos frivol,
drum suchte ich nach Alkohol.
Der ist im Keller, wie ich weiß.
Ich griff die Flasche Himbeergeist,
die so verstaubt – ich rieb die Flasche
mit einem Tuch aus meiner Tasche,
als plötzlich wie durch Zauberhand –
das Märchen ist uns wohl bekannt,
das da Wunderlampe heißt –
erschien der große Himbeergeist.
In einer Wolke rosa Gas,
die beinah fünfzehn Meter maß,
stand er beeindruckend vor mir,
mit tosend Stimme sprach er hier:

„Gefangen war ich lange Zeit.
Du Sterbliche hast mich befreit,
deswegen steh ich dir zu Ehren
einen Wunsch dir zu gewähren.
Was du auch wünschst, es sei für dich,
nur wahre Liebe bring ich nicht.

Doch willst du schön sein wie ein König?
Gold und Juwelen nicht grad wenig?
So sag es einfach frei heraus
und spreche deinen Wunsch nun aus.
Was du erträumst ganz ungelogen,
ein Traum, der nur auf dich bezogen.
Sei's Ruhm, sei's Macht, es sei für dich –
nur Weltfrieden vollbring ich nicht."

„Was für ein zweifelhafter Segen“,
begann ich laut zu überlegen,
„keine Liebe, keinen Frieden …
ich fürchte, wir sind zu verschieden.“

So hab ich ihn, der recht verzweifelt,
samt seinem Eigenheim recycelt.
Wütend tat sein Himbeerauge aus dem Container blitzen,
doch so etwas passiert nun mal mit Geistern,
die nichts nützen!

Letzter Nachruf oder der Rabe

Auf dem Friedhof überm Grabe
sitzt jede Nacht ein stolzer Rabe.
In seinem schwarzen Federkleid
singt er hier zur Schlafenszeit
die Klagelieder für die Toten
in solch entsetzlich traurig Noten,
in krächzend heiser Melodei,
als bräche ihm das Herz entzwei;
begibt sich dann in lieblich Hege
voll Hingabe der Grabespflege.
Mit Schmerzen, doch mit Wohlgefallen
zieht er mit spitzen Vogelkrallen
kleine Furchen in die Erde,
damit's am Morgen sprießen werde,
zupft Unkraut, macht das Torfbett rein
und kratzt das Moos vom Grabesstein;
muss tausend Mal zum Brunnen fliegen,
damit die Blumen Wasser kriegen,
denn in den Rabenschnabel klein
passen nur ein, zwei Tropfen rein.
Und erst wenn längst vorbei die Nacht,
ist sein Liebeswerk vollbracht.
Erschöpft liegt dann der gute Rabe
zwischen den Lilien auf dem Grabe,
fliegt dann mit müdem Flügelschlag
empor zur Linde überm Grab,
wo er seinen Tag verbracht,
von wo er tags das Grab bewacht.

Wenn sich der Friedhofsgärtner näh'rt,
wird er vom Raben abgewehrt,
der verteidigt seinen Schatz –
inbrünstig den letzten Ruheplatz
des einen dessen, der hier liegt –
des Toten, den der Rabe liebt.
Kriegt er aus Angst vor Vogelgrippe
oftmals auch einen mit der Schippe,
ist selbst nicht im Winter er gewichen,
das edle Schwarz ins Grau geblichen.
Die Jahre kamen, die Jahre gingen
und er konnt' nur noch leise singen
jede Nacht das Totenlied.
Bis Gott erbarmungsvoll ihn sieht
und ihm schloss in selig Ruh
die starren Rabenaugen zu.

Epilog:
Es liegt ein toter, grauer Rabe
zwischen den Lilien auf dem Grabe,
mit seinem Liebsten nun vereint,
am Fuße seines Grabesstein.
Die Inschrift ist nicht leicht zu lesen,
wer der Tote ist gewesen.
Gemeißelt steht in Caligo
„Hier ruht Edgar Alan Poe".
Ein Künstler, der lebt ewiglich,
wenn er in Kunst verewigt sich.
Verlässt der Rabe seinen Herrn?
Sprach der Rabe „Nimmermehr!"

Opa

Mein Opa ist ein Seemann,
er liebte Sand und Meer.
Mein Opa ist ein Seemann,
er träumte, dass er's wär.

Er träumte von der Ferne,
von grenzenloser See.
Und wenn er davon schwärmte,
tat es mir seltsam weh.
Vom Veermaster, so sprach er,
wär' er der Kapitän.
Das Gold von Sacramento,
habe er selbst gesehn.

Er hatte das Kommando
weit über sechzig Mann.
Er trotzte wilden Stürmen
und dem Klabautermann.

Der Rum der war in Fässern,
wie hatten sie gelärmt.
Sie sangen raue Lieder,
so hat Opa geschwärmt.

Er erzählte von Poseidon
und dass es den nicht gibt.
Von holden Meerjungfrauen,
die alle ihn geliebt.

Doch nachts in der Kajüte
hielt er nur mich im Arm,
sang von versunk'nen Schätzen
und spann mir Seemannsgarn.

Mein Opa ist ein Seemann,
er liebte Sand und Meer.
Mein Opa ist ein Seemann,
im Himmel – hier nicht mehr.

Für meinen Opa.
Ich liebe dich für immer!

(inspiriert von dem Lied
„St. Niklas war ein Seemann",
Opas Lieblingslied ☺)

Der Tag, an dem die Liebe starb

Am Tag, an dem die Liebe starb,
ging ich los und grub ein Grab,
denn nichts blieb außer Schmerzen
in dem enttäuschten Herzen.

Ich pflanzte Lilien auf mein Grab,
für gerade drei ich Kraft noch hab,
für Glaube, Hoffnung, Liebe –
ach, dass es mir doch bliebe.

Ich zündete ein Lichtlein an
und sah es lange traurig an
und fürchte mich vor all dem Wind
ringsherum ums Jesuskind.

Ich weinte Tränen an dem Grab,
bis einen Kelch ich volle hab,
voll verzweifelt bittren Salzes,
voll heuchlerischen Schmalzes.

Es lag ein Stein auf meinem Grab,
den ich dort hingeschleppet hab.
Ein Stein, so kalt und hart,
von meinen Schultern zart.

Ich legt' mich nieder in mein Grab,
das ich mir selbst geschaufelt hab,
trank den Kelch der Verzweiflung
und wünschte mir Erleicht'rung.

Doch zu lebendig das Gebein,
die Tränen schmeckten gar wie Wein,
wie süßes Blut des Geistes,
wie Nektar, ja so heißt es.

Und der Stein, so hart und tot,
erhält den Laib von einem Brot,
das sehnsüchtig soll stillen
und mich erneut soll füllen.

Dankeslied

Ich rief zu dir in meiner Not
und du erlöstest mich vom Tod,
warst meiner Hoffnung Licht.
Dein Wort, das brachte mir den Trost,
obwohl ich gegen dich erbost,
hast mich verstoßen nicht.
Herr, dir sei ewig Dank und Ehr,
du schicktest mir dein Himmelheer
zum Kampfe meiner Feinde.
Ich war zu schwach und unterdrückt,
mit Gnade hast du mich geschmückt,
als ich vor Unrecht weinte.
Die Angst, die hat mich schon erstickt,
da hast du Hilfe mir geschickt.
Die befreite von Gewalten,
als mich der Teufel fast verschlang
und ich schon mit dem Wahnsinn rang,
mich schützend hast erhalten.
Mein Leben will ich mit dir gehn,
dass alle deine Wunder sehn,
denn dir sei alle Ehre.
Einst hatte ich mich aufgelehnt,
als Strafe hast du mich beschämt,
das war mir eine Lehre!
Oh, wie sehr fürcht ich deinen Zorn,
in meinem Auge sticht der Dorn
von meinen bösen Sünden.
Doch als dann kam das große Tier,
der ganze Frevel reute mir.

Mein Herz sollst du ergründen,
denn du, du gabst mir neuen Mut,
denn du bist gnädig, groß und gut,
dir allein sei meine Seele!
Drum schütze meinen Lebensbaum,
dass ich mich nie, nicht mal im Traum,
mich gegen dich verfehle.
Herr, dir allein gehört mein Haus,
drum strecke deine Hände aus,
dass ich jetzt nicht mehr leide.
Und führe mich, das schwarze Schaf,
das du mit Recht so hast bestraft,
zurück auf deine Weide.

Alle gegen mich

Spinnentier, was machst du da?
Ich spinne die Intrigen.
Spinne sag, wie tust du das?
Mit einem Netz aus Lügen.

Mäuschen klein, was machst du da?
Ich nag an deiner Leiter.
Mäuschen, warum tust du das?
Die Anfeindung geht weiter.

Schlangentier, was machst du da?
Ich würge dich zu Tode.
Schlange, wieso tust du das?
Einfachste Methode.

Käferchen, was machst du da?
Ich tanz auf deinem Grabe.
Käfer, warum tust du das?
Weil ich den Rhythmus habe.

Menschliche Unzufriedenheit

So wie der Regen nach der Dürre
uns wieder Hoffnung macht,
bald darauf wir wieder murren,
weil nicht die Sonne lacht.

Menschliches Leid

Warum hab ich ein schlecht Gewissen,
wenn ich's mein von Herzen gut.
Trotzdem fühl ich mich beschissen,
weil was ich tue, nicht gut tut.

Vorbei

Vergangen ist vergangen,
drum wolln wir nicht mehr bangen,
drum werfen wir nun unsren Blick
weit nach vorn, nicht mehr zurück
und warten, was die Zukunft bringt,
auch wenn es bis zum Himmel stinkt.

Aphorismen

Nichts auf der Welt kann so schlimm sein,
als wenn man selber schlimm ist.

❄

Läufst du aus Liebe in die Dunkelheit,
ist das Licht bei dir.

❄

Spielst du das Spiel des Lebens mit offenen Karten,
wirst du den Hauptgewinn ziehen.

❄

Einen geborenen Gewinner wird die Welt zwangsweise
versuchen, zum Loser zu machen.

❄

Die vollendete Wahrheit ist nur in Christus,
unsere Wahrheiten haben immer mindestens zwei Seiten.

❄

Findet sich lange Zeit kein Tröster,
wird Mitleid zur Erniedrigung.

❄

Im Grunde genommen lieben mich alle.
Nur nicht die ganze Zeit über.

❄

Konkurrenz ist der Feind der Freundschaft.

❄

Die meisten schönen Frauen sind demütig,
die meisten schönen Männer Arschlöcher.

❄

Ich bin nicht böse.
Aber meistens schuld daran,
dass viele das glauben.

❄

Die Weisheit infantiler Münder
birgt Heiligkeit moderner Sünder,
es rühmt der Weisheit sich, wer dumm
und verflucht das Individuum.

❄

Das Böse will uns immer glauben machen,
dass Gott uns nicht liebt.
Wie gut, dass das Böse immer lügt.

❄

Wenn man nie gut genug ist und immer nur schlecht,
will man irgendwann besser sein als alle anderen.
Aber das macht einen dann in Wirklichkeit schlecht.

❄

Alles Gute kommt von Gott,
alles Böse von der „anderen Seite“.

❄

Die Bibel lehrt uns, demütig zu sein.
Wird man jedoch zu lange gedemütigt,
macht es einen krank und ist alles andere als ein Segen.

❄

Wie dankbar bin ich, dass Jesus in mir wohnen will
und das, obwohl ich es selber dort kaum aushalte.

❄

Die vier Kardinaltugenden:
Klug ist genug.
Gerecht ist nicht schlecht.
Maß macht Spaß
und Mut tut gut.

❄

Eins der gefährlichsten Dinge der Welt ist das Gefühl,
zu kurz gekommen zu sein.

❄

Jemanden hässlich nennen, macht einen nicht schöner.
Jemanden dumm zu nennen, macht einen nicht klüger.
Jemanden auszunutzen, macht einen nicht glücklicher.

❄

Wer sich einen Sündenbock sucht,
lädt den Bock zu sich ein.

❄

Die Katze auf dem Dach ist besser
als der Hund unterm Auto.

❄

Seit bereits fünfzehn Minuten
sitzt eine Eintagsfliege auf meinem Arm.
Wie dankbar bin ich, dass sie in Anbetracht ihrer kurzen
Lebensspanne so viel Zeit mit mir verbringen möchte.

❄

Viele Menschen sind wie Hunde.
Sie reagieren auf Angst mit Aggression.

❄

In der christlichen Kirche passiert es leider immer wieder,
dass Brüder und Schwestern sich untereinander
gegenseitig missionieren wollen.
Hier versteckt sich die heimliche Überheblichkeit,
gepaart mit falschem Ehrgeiz.

❄

Wenn einen niemand liebt,
muss man sich halt selber lieben.
Aber spätestens dann liefert man den Gegnern
einen Grund zum Hassen.

❄

Je klüger ein Mensch ist,
desto mehr scheint er dazu geneigt zu sein,
um die einfachsten Dinge der Welt herum zu denken.

❄

Die Liebe der meisten Mütter
erscheint ihnen am größten,
wenn sie sich sorgen;
die Liebe vieler Väter,
wenn sie sie nicht zeigen.

❄

Wenn einem das Leben übel mitspielt,
gibt es zwei Möglichkeiten, damit umzugehen:
Entweder man tut jemandem dasselbe an
und gerät damit von der Opfer- in die Täterrolle
oder aber man sorgt dafür,
dass sich das Unrecht nicht ausbreitet,
trägt sein Kreuz und gibt das Böse nicht weiter.
Die erste Variante scheint mehr verbreitet zu sein,
die zweite ist aber zweifellos die edlere Methode.

❄